DU RENOUVELLEMENT PARTIEL

DES ASSEMBLÉES

PARIS. — TYPOGRAPHIE LAHURE
Rue de Fleurus, 9

Extrait du CORRESPONDANT

DU RENOUVELLEMENT PARTIEL DES ASSEMBLÉES

PAR

H. DE LACOMBE

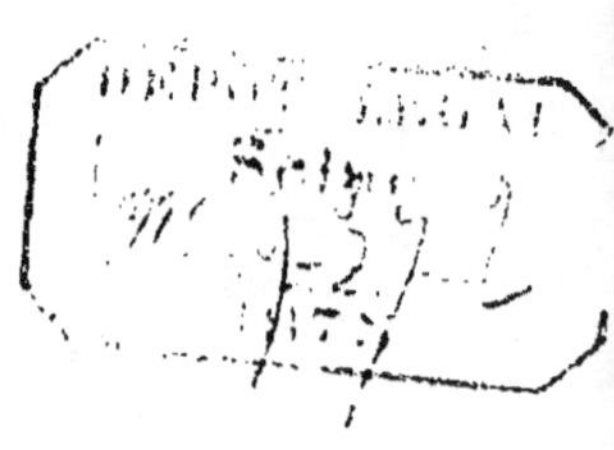

PARIS
CHARLES DOUNIOL ET Cie, LIBRAIRES-ÉDITEURS
29, RUE DE TOURNON, 29

1875

DU

RENOUVELLEMENT PARTIEL

DES ASSEMBLÉES

Dans les discussions de la commission constitutionnelle, qui ont préparé le projet de loi électorale, soumis en ce moment aux délibérations de l'Assemblée nationale, une grave question d'organisation politique, une question qui, même à côté du grand duel engagé entre le scrutin de liste et le scrutin d'arrondissement, garde une importance considérable, a été agitée : c'est le renouvellement partiel de la Chambre des députés.

Quelques membres de la gauche avaient proposé que désormais la Chambre des députés fût renouvelable par moitié, tous les deux ans. Malgré une alerte plaidoirie de M. Ernest Picard, leur amendement n'a pas été adopté par la commission, qui a maintenu le renouvellement intégral ; il reparaîtra vraisemblablement en séance publique.

Nous voudrions indiquer quelles raisons peuvent conseiller le renouvellement partiel de la Chambre des députés ; quelles raisons plus sérieuses, après de longues et décisives expériences, l'ont déjà fait rejeter, et doivent encore, selon nous, le faire repousser de nos lois.

I

Introduite dans une organisation républicaine, l'institution du renouvellement partiel, rendons-lui tout d'abord cette justice, repose sur une doctrine ; elle est bien moins inspirée par une malfaisante pensée d'agitation que par un honnête effort de conservation et de résistance.

Le péril de la république, le principe de la défiance presque inexorable qu'elle donne, en dehors du cercle étroit et mesquin des partis, à tant d'hommes de bonne volonté et de bonne foi, c'est son instabilité même, c'est cette incertitude fatale qui veut que, périodiquement, table rase soit faite dans l'État ; que, pouvoir exécutif et pouvoir législatif, rien ne demeure ; que la société entière, avec la masse énorme de ses intérêts et de ses droits, se plonge et se replonge dans les ténébreux hasards du scrutin populaire.

Nier cette situation politique, nier la disposition morale qu'elle engendre, ne serait qu'une puérilité dangereuse : l'une et l'autre ne sont imputables à personne et sont l'œuvre de tous ; elles défient la contradiction ; elles tiennent à la logique même des choses et au mouvement naturel du cœur humain. Rappelez-vous, dans l'histoire de Rome, cette page superbe où, se désolant de voir les maîtres du monde délaisser la charrue, transformer en jardins de plaisance les champs de la féconde Italie, attendre leurs blés de l'Égypte et de l'Afrique, Tacite tremble pour le peuple-roi dont, chaque année, la nourriture roule à travers les incertitudes de la mer et des tempêtes, *victus populi romani per incerta maris ac tempestatum volvitur*. Lorsque ce n'est plus seulement le pain, lorsque c'est la vie d'une nation qui roule ballottée à travers les incertitudes de cette autre mer et de ces autres tempêtes, plus changeantes encore, qu'on nomme une foule, l'anxiété peut-elle être moindre ?

Le devoir des bons citoyens, comme des politiques avisés, le devoir de tous ceux qui, par inclination, par raison ou par résignation, ont entrepris loyalement d'aider la république à vivre et d'aider la France à vivre avec elle, ne saurait être de s'irriter et de se raidir contre une évidence qui leur déplairait : il consiste à reconnaître le mal dans toute son étendue, pour essayer ensuite de le corriger ou de l'atténuer.

De cet esprit louable de clairvoyance et de prévoyance est sorti le projet de renouvellement partiel qui nous occupe : il tend à faire des assemblées un corps qui ne meurt pas, à placer en leur sein le principe de perpétuité, que la monarchie constitutionnelle a fixé dans l'hérédité royale. Ce ne serait plus tous ensemble, le même jour, d'un seul trait, que les députés du pays recevraient et quitteraient leurs pouvoirs, ils seraient nommés par séries, ils se retireraient à tour de rôle : de telle sorte que dans la représentation nationale il n'y aurait pas solution de continuité ; qu'une portion de cette représentation serait comme immobilisée, ne chômant pas, vaquant à ses fonctions, ne souffrant pas ces temps d'arrêt, ces interruptions, ces évanouissements de toutes les autorités constituées, ces interrègnes de gouvernement, ces vides où risque toujours de sombrer à jamais l'État lui-même.

C'est M. Littré qui, le premier depuis la chute du second Empire, a tracé cette philosophie du renouvellement partiel : « Le renouvellement par fractions déterminées, écrivait-il dès 1871, offre un enchaînement illimité de volontés nationales. C'est un roulement qui ne s'interrompt jamais. L'hérédité monarchique, chez nous, a été, depuis quatre-vingts ans, constamment illusoire. La filiation régulière des élections vaut la peine d'être expérimentée. »

Si les renseignements donnés par quelques journaux sont exacts, le républicain le plus autorisé de notre temps, celui qu'on pourrait appeler le doctrinaire de la République, l'honorable M. Jules Grévy, inclinerait par les mêmes motifs vers le renouvellement partiel[1] : il mettrait dans cette institution le ressort et le frein du gouvernement tel qu'il le conçoit, gouvernement exclusivement concentré dans une Assemblée unique dont le pouvoir exécutif, nommé par elle-même, ne serait que le serviteur passif, toujours révocable à volonté.

Après avoir très-consciencieusement décrit la théorie du renouvellement partiel, il nous reste à établir que, loin d'être le remède, la combinaison proposée ne serait que le mal lui-même, le mal invétéré et aggravé.

Nous interrogeons à cet égard quiconque voudra réfléchir : la faiblesse de tout régime parlementaire, la pente contre laquelle, même appuyé à un trône immuable, il doit se prémunir et lutter sans cesse, n'est-ce pas sa mobilité ? Le reproche que font sonner le plus haut ses ennemis, n'est-ce pas de communiquer aux destinées d'un pays le sort précaire dont il paraît atteint lui-même, de les réduire à se traîner ou à se précipiter au jour le jour, sans lendemain, sans suite, au souffle des passions les plus contraires, sans une assiette qui puisse porter un pouvoir fort et une politique ferme ? A ses détracteurs le régime parlementaire a raison d'opposer William Pitt et Casimir Périer ; il a montré victorieusement, dans les conjonctures les plus difficiles, toutes les qualités qu'on lui dénie, la persévérance dans les desseins, le concert dans les démarches, la vigueur dans l'action : à une condition toutefois, c'est

[1] « En février 1871, dit M. Émile de Girardin dans ses *Lettres d'un logicien* (page 10), M. Grévy n'avait exposé que le premier terme de son système; c'est plus tard que, pressé par les objections que je lui adressais, il m'en a fait connaître le second terme, qui est le renouvellement partiel et successif de l'Assemblée souveraine et permanente, à l'instar de celui des conseils généraux. »

que dans les Assemblées d'où le pouvoir et la politique émaneraient, se formât une majorité compacte, sûre de sa durée et de son droit, en pleine possession de son mandat, tenant de l'opinion la confiance qu'elle donnerait elle-même à ses chefs.

Si telle est la loi du régime parlementaire même en monarchie, combien, plus absolue et plus impérieuse encore, doit-elle s'imposer aux républiques? Leur orgueil et leur titre sont précisément d'être le régime parlementaire dans toute son énergie et dans toute sa pureté, le régime parlementaire pratiqué sans partage, débarrassé de la dernière fiction des monarchies constitutionnelles qui, par un industrieux mélange de privilége et de servitude pour une famille, isole cette famille en dehors des rangs communs et l'affecte au bien public. Le joug du temps est secoué; la volonté des générations qui ont précédé et celle des générations qui viendront ne comptent plus; ni liens avec le passé, ni liens avec l'avenir : chaque génération s'appartient à elle seule, tout entière; la nation se gouverne par des assemblées qui ne sortent un instant de ses entrailles que pour y rentrer bientôt, laissant la place à d'autres qui auront la même brièveté.

Eh bien, nous le demandons maintenant : sur la mobilité naturelle du régime parlementaire, qu'accélère avec une intensité redoutable la forme républicaine, entez le renouvellement partiel des assemblées. Qu'aurez-vous institué, sinon l'anarchie en permanence? Dans cette assemblée où bouillonnera, par saccades, la vie d'une nation, une majorité ne pourra jamais naître, jamais se poser, jamais arriver à maturité; elle sera toujours à l'état d'un *éternel devenir*, comme disent les Allemands. A peine penchera-t-elle dans un sens qu'un courant nouveau la poussera dans un autre; les élections qui se succèderont sans relâche dans une société sans repos ne feront guère, selon l'ordre accoutumé, que se démentir; elles auront l'inconstance d'un peuple en révolution, où l'esprit public semble ne vouloir aller que par bonds et chercher dans la contrariété de ses excès leur contre-poids. Quel projet à long terme pourrait se concevoir? Quelle négociation se conduire? Quelle entreprise s'acheminer à ses fins? Le gouvernement qu'enfanteront ces assemblées n'aura pas plus de consistance qu'elles, il héritera de leur débilité; ou bien il s'armera contre elles-mêmes de cette débilité qu'il aura travaillé à accroître, pour se forger avec leur néant une dictature.

Ce que nous disons-là n'est pas une téméraire hypothèse; c'est l'histoire, déjà consommée, du renouvellement partiel des assemblées en France.

II

Le renouvellement partiel fit son apparition parmi nous dans la Constitution de l'an III.

Prête à terminer ses travaux, la Convention avait décrété qu'elle se dissoudrait pour se diviser en deux sections qui s'appelleraient Conseil des anciens et Conseil des cinq-cents ; que dans ces deux assemblées un tiers des siéges appartiendrait au choix libre des électeurs; que les deux autres tiers seraient réservés à des députés en exercice ; que, de ces deux tiers restants de conventionnels, le premier devrait être renouvelé après dix-huit mois d'entrée en fonctions de la prochaine législature, et le dernier un an plus tard.

Lorsqu'il avait fallu expliquer les motifs qui déterminaient ces graves mesures, l'honorable rapporteur de la commission, Boissy d'Anglas, avait parlé comme parlent de nos jours MM. Littré et Grévy : « C'est, disait-il dans son discours préliminaire au projet de Constitution, c'est la nécessité bien reconnue de combattre l'instabilité qui nous a fait adopter l'idée des renouvellements partiels. Ainsi, l'entier Corps législatif sera renouvelé, par moitié, tous les deux ans ; ainsi, les membres sortant seront rééligibles ; ainsi, les mêmes principes, les mêmes systèmes se perpétueront sans que le pouvoir reste dans les mêmes mains ; ainsi, la législation et le gouvernement ne changeront point, bien que les fonctionnaires changent; ainsi, la république sera toujours la même, et les citoyens, comme les étrangers, ne seront plus exposés à calculer dans leurs transactions politiques ou particulières les chances d'un renouvellement total et d'une aberration de principes; ainsi, ces hommes coupables qui, dans le criminel espoir de renverser ou de changer notre gouvernement et nos lois, se fondent sur le désir que pourrait avoir une législature de détruire ou de modifier ce qui avait existé avant elle, seront encore trompés dans leurs calculs. » Au fond, derrière ces maximes spécieuses, ce que souhaitait la Convention, ce qu'elle avait entrepris par son mode de renouvellement partiel, par son triage adroitement préparé, par ses échéances savamment combinées, c'était de se survivre à elle-même. Moins désintéressée et moins imprudente que la Constituante, qui avait fait de leur propre inéligibilité une loi à tous ses membres, elle entendait régner encore quand elle aurait disparu ; elle voulait à la fois s'épurer et se conserver, suivre de ses yeux et soutenir de ses mains la transition entre l'ère abominable qui venait de finir et le régime encore informe qu'elle allait essayer, garder son fonds primitif, sa majorité, ses pouvoirs, ses gages et ses places de sûreté, tout en se dépouillant du renom sinistre dont l'avaient couverte tant de forfaits.

Les résolutions de la Convention, sa façon détournée de retenir la souveraineté qu'elle faisait mine de rendre, la réélection obligatoire des deux tiers de ses membres, qu'elle avait ordonnée, tout cela fut imprévu, même dans un temps où, sous le masque de la volonté nationale, la tyrannie avait raffiné sans cesse et s'était surpassée elle-même. Il y eut des protestations et des résistances; elles furent étouffées dans ces journées de vendémiaire an IV, où le jeune général Bonaparte, devenu le sergent de Barras, se montra aux Parisiens mitraillés comme le dernier né de la Terreur.

Après cette exécution, les assemblées de la République, avec leurs deux tiers de vieux révolutionnaires et leur tiers isolé de nouveaux venus, furent telles que les avait désirées la Convention expirante: un Directoire composé de cinq régicides les gouvernait. Les choses allèrent paisiblement jusqu'au renouvellement partiel qui se fit en 1797; à l'approche de cette date, les élections s'annonçaient conservatrices et modérées, elles promettaient de substituer, au tiers sortant de conventionnels, une recrue de gens de bien, purs de crimes et de rapines, las de persécution, avides de justice et de repos. Le Directoire, que l'avénement de l'honnêteté publique menaçait, se défendit, comme il convenait à sa cause, réveillant lui-même le parti jacobin, déchaînant dans les rues les cris, les fureurs, les appétits terroristes, essayant d'écarter, par le scrupule, les électeurs qu'il n'aurait pas éloignés par la peur : comme il l'avait déjà imposé aux députés, il imposa à tout votant une sorte de serment régicide. Tout fut vain; l'opinion resta maîtresse, elle emporta le triomphe des braves gens. Alors le Directoire avisa : ceux qu'il n'avait pu empêcher de naître, il résolut de les empêcher de vivre. Le renouvellement partiel de l'an V eut pour lendemain une proscription partielle; le coup d'État du 18 fructidor corrigea le résultat des élections : cent quatre-vingt-six députés furent arrêtés; cinquante-trois membres des conseils condamnés, par simple décret, à la déportation; les personnages les plus marquants et les plus gênants enfermés dans des cages de fer, promenés de Paris à Rochefort au milieu des huées de la populace, expédiés à Cayenne.

Cette élimination accomplie, les affaires de la République reprirent un cours à peu près tranquille jusqu'au renouvellement partiel de l'année suivante. L'aspect de la France avait changé dans l'intervalle; un phénomène qui trahit la faiblesse des gouvernements, se produisait : dans le vide d'institutions qui pussent le contenter et le contenir, désorienté, ne sachant où s'arrêter, l'esprit public tombait en démagogie; les élections de 1798 allaient être jacobines, comme celles de 1797 avaient été modérées et conservatrices. Ce n'était pas le jeu des hommes qui possédaient le Directoire; ils ne voulaient pas plus être décapités en l'an VI qu'ils n'avaient voulu être détrônés en l'an V : ils prirent encore les devants. Ils commencèrent par envoyer des instructions générales qui, préalablement à l'ouverture du scrutin, conféraient aux premiers citoyens venus, là où ils se sentiraient d'avance en minorité, le droit de voter séparément, de nommer à part leurs députés, d'opposer procès-verbaux à procès-verbaux. Avec cela, l'avenir était assuré; un instrument existait pour défaire légalement tout ce qu'il aurait plu au peuple souverain de faire dans ses comices : plus d'arrestations, plus de déportations, plus de ces violences bruyantes qui ont toujours mauvais air; une méthode meilleure permettait de rejeter comme nuisibles tous les crimes qui ne seraient pas nécessaires. La loi du 22 floréal an VI, rendue en exécution des instructions directoriales, révisa sans fracas les effets du renouvellement partiel : trente-quatre députés, dont la nomination avait été régulière, furent exclus; dans quatorze départements, les élections faites par la majorité furent cassées, celles faites par la minorité furent validées; dans sept départements, les unes et les autres furent annulées.

Lorsque le coup d'État du 18 Brumaire n'eût laissé de la République qu'une ombre, le renouvellement partiel gisait déjà dans le discrédit où étaient tombées les pires mesures révolutionnaires ; il n'avait fait voir que des Assemblées misérables, mutilées à l'envi par l'alternance successive de leurs élections et de leurs proscriptions. Les citoyens paisibles réclamaient l'abolition d'un mode de renouvellement qui était l'un des vices essentiels de la Constitution de l'an III, et qui avait donné ouverture à tous les attentats et à tous les périls; ainsi parlait l'un des courageux écrivains de ce temps, Lacretelle aîné, dans ses actions de grâces au général Bonaparte, et aussi à Sieyès, qu'il croyait à jamais inséparables[2].

Premier consul et empereur, Napoléon n'eut garde de renoncer à une institution aussi commode; il la recueillit soigneusement, l'énervant encore par des applications plus répétées, la décomposant de plus en plus dans les combinaisons qu'avait imaginées l'esprit alambiqué de Sieyès. Élément de trouble dans la tyrannique anarchie du Directoire, le renouvellement partiel devint de soi-

[2] *Sur le dix-huit brumaire, à Sieyès et à Bonaparte*, par Lacretelle aîné, p. 28. A Paris, chez les marchands de nouveautés, an VIII.

même l'un des ingrédients du despotisme. En face du César armé tout d'une pièce et acclamé par le vote populaire pour les siècles à venir, quelle figure pouvait avoir ce pauvre Corps législatif que chaque année le Sénat extrayait par cinquième des listes nationales, condamné par son genre de composition même à n'être jamais qu'une ébauche, à passer, à passer toujours dans une sorte de chétive et insurmontable enfance !

La monarchie constitutionnelle survenant en 1814 mit à néant tous ces artifices de la force et de la ruse. Alors, dans la France rendue à elle-même, une étude sérieuse des conditions du gouvernement représentatif commença de tous côtés ; elle occupa immédiatement les hommes, le Roi en tête, qui avaient à cœur de fonder l'alliance durable de l'ordre et de la liberté.

III

Le principe du renouvellement partiel subit un premier examen dans le Conseil privé, qu'après la Déclaration de Saint-Ouen, Louis XVIII avait chargé de dresser un projet de Constitution. Chaleureusement défendu par M. Lainé[1], qui se demandait avec une inquiétude patriotique si la France pourrait déjà supporter la vigueur que le renouvellement intégral communiquerait au système parlementaire, le renouvellement annuel par cinquième fut inscrit dans la Charte.

Cependant les convictions flottaient, bien hésitantes encore ; après le désastre des Cent-Jours, le débat s'engagea plus vif. Le renouvellement partiel formait une des dispositions de la Charte, que Louis XVIII, cédant, disait-il dans le préambule de l'ordonnance du 13 juillet 1815, au vœu bien connu de la nation, avait signalées lui-même comme sujettes à révision.

Ce fut dans la Chambre introuvable que l'orage éclata. Cette Chambre, la plus monarchique et la plus indépendante de notre siècle, cette Chambre qui, devant la postérité comme devant ses contemporains, a fait tort à la justesse de ses idées par la violence de ses passions, s'était prononcée avec une animation inouïe contre le renouvellement partiel : par l'organe d'une commission qui avait choisi M. de Villèle pour rapporteur, elle avait répudié une institution qu'elle traitait comme un legs de la Révolution. Ainsi qu'il

[1] On peut consulter à cet égard les Mémoires de M. le comte Beugnot, qui était l'un des commissaires nommés par Louis XVIII. (*Mémoires de M. le comte Beugnot*, t. II, ch. XVIII, p. 225, deuxième édition.)

arrive presque toujours, même pour les natures les plus droites, l'intérêt de chacun agit en cette circonstance sur ses opinions : si la majorité de la Chambre introuvable se prenait d'une telle flamme pour le renouvellement intégral des Assemblées, il était manifeste qu'elle pensait beaucoup à elle-même ; qu'elle ne voulait ni se séparer ni se démembrer; que, toute pleine de son étonnant et éphémère triomphe, elle entendait demeurer entière pour se donner le temps d'appliquer sa politique. Et d'un autre côté, par un immanquable retour, le renouvellement intégral se trouvait combattu par des partis qui, favorables à son établissement, avaient hâte, avant tout, d'enlever à cette ardente majorité le temps d'appliquer sa politique, c'est-à-dire d'ériger en lois les motions hasardeuses, parfois folles ou cruelles dont quelques-uns de ses orateurs troublaient, épouvantaient même la France. Ces préoccupations réciproques furent l'âme de la mémorable délibération qui s'ouvrit : elles transpirèrent dans tous les discours, elles amenèrent le singulier contraste où l'on vit des royalistes de Coblentz exalter jusqu'à l'excès l'omnipotence parlementaire, et des libéraux, des constitutionnels. des doctrinaires surfaire sans mesure la prérogative du souverain. Tandis que M. Royer-Collard, M. de Serre, leurs illustres amis dénonçaient dans le renouvellement intégral une invention démocratique qui surexciterait, au détriment de la Couronne, l'ambition de la Chambre des députés, M. de Villèle, assisté de M. Corbière, de M. de la Bourdonnaye, de M. de Castelbajac, le revendiquait comme une conséquence des gouvernements libres, qui exige que l'opinion puisse s'exprimer avec ensemble, pour passer ensuite, toute puissante, dans le ministère.

Repoussé par la Chambre des députés, le renouvellement partiel eut sa revanche à la Chambre des pairs ; il y garda la majorité, malgré les véhémentes critiques de M. de Chateaubriand, de M. Desèze de M. Mathieu de Montmorency. L'échec était considérable pour la Chambre des députés : prête à clore sa session annuelle, alarmée de l'issue d'une lutte où les coups portés finissaient par atteindre le prince lui-même, elle crut pourvoir à sa sûreté en votant un amendement qui interdisait tout renouvellement partiel dans l'intervalle d'une session à l'autre. Ce fut sa perte. Louis XVIII ressentait impatiemment le dommage causé à la monarchie par des extravagances commises ou proférées en son nom ; il ressentit avec une égale fierté l'affront perpétuellement fait à son caractère et à son droit par ceux-là mêmes qui avaient toujours à la bouche le nom du roi[1]. Par l'ordonnance de dissolution du 5 septembre 1816, il

[1] « Quelle que fût la répugnance toute royale de Louis XVIII pour le système qui subordonnait sa politique à celle de la Chambre, il n'est pas certain que cette

brisa cette Chambre introuvable, qu'il y aurait eu plus d'honneur et de profit à savoir tempérer et conduire ; et, cette fois encore, le renouvellement partiel fut sauvé.

Mais une épreuve suprême allait venir, qui remettrait chacun dans son rôle et lèverait tous les doutes. De 1817 à 1824, le renouvellement partiel fonctionna ; chaque année, les députés sortaient et rentraient par cinquièmes. Durant ce laps de temps, où les plus sages mesures furent prises et les plus salutaires réparations accomplies, le pays comme le pouvoir vécurent dans une crise presque continuelle. A peine fermée sur un point, l'arène électorale se rouvrait sur un autre, répandant partout l'effervescence malsaine qui l'avait remplie elle-même. Travaillés du malaise dont souffraient les institutions, les esprits s'aigrissaient, ils cédaient à tous les mauvais conseils du mécontentement et de l'inquiétude, passant par soubresauts d'une extrémité à une autre ; nommant un jour les royalistes les plus brouillons, et, le lendemain, de vieux révolutionnaires tout chargés de méfaits ; puis, laissant mourir au loin, dans l'abandon et dans la disgrâce, les plus purs représentants de la France moderne, comme le comte de Serre. L'honnête gouvernement de la Restauration ne chercha pas son gain dans ces mobilités, il n'y puisa qu'incertitude et faiblesse : au milieu d'une prospérité croissante, au sein de ses œuvres les plus solides, il gardait un air fragile ; il avait un doute de lui-même, de sa durée, de sa force, qui se communiquait à l'État tout entier, dans ses négociations extérieures comme dans sa conduite intérieure. Les ministres se renouvelaient dans le cabinet comme les députés dans la Chambre : M. Decazes, qu'au-dessus de toutes ces fluctuations soutint longtemps la confiance du roi, ne put gouverner qu'en changeant annuellement de collègues et de systèmes, incessamment bal-

répugnance eût suffi pour l'entraîner à un acte (la dissolution de la Chambre introuvable) qui flattait son orgueil et que son bon sens approuvait, mais par equel il se séparait définitivement d'un grand nombre de ses vieux serviteurs et de toute sa famille, si le parti de la cour, par l'imprudence toujours croissante de ses discours, ne fût parvenu à irriter contre lui l'homme aussi bien que le roi. Non seulement le langage de ce parti était offensant, mais dans les départements comme à Paris, dans les correspondances comme dans les conversations, des cris de joie lui échappaient chaque fois que la vie de Louis XVIII paraissait compromise. « Il faut, disait-on constamment, *qu'il ouvre les yeux ou « qu'il les ferme.* » Si on se fût borné à le dire, Louis XVIII eût pu l'ignorer ; mais on l'écrivait, sans songer que Louis XVIII avait conservé la vieille et triste habitude de se faire remettre, par l'intermédiaire du directeur général des postes, les lettres suspectes et de les lire. Chaque jour, il pouvait donc juger par ses propres yeux des vœux que formaient les plus ardents des ultra-royalistes, et de l'amour qu'ils portaient à sa personne. » (*Histoire du gouvernement parlementaire*, par M. Duvergier de Hauranne, t. III, p. 478 et suiv.)

lotté d'une majorité à une autre, contraint d'incliner tantôt à droite, tantôt à gauche, selon le vent qui, du dehors, avait soufflé dans l'enceinte législative.

Dès 1819, la cause du renouvellement partiel était absolument condamnée dans les conseils de la Restauration; à l'exception de M. Royer-Collard, qui hésitait à se rendre, les plus éminents personnages du parti constitutionnel, M. de Serre, M. Decazes, M. Pasquier, le duc de Broglie, M. de Barante, le jugeaient comme l'avaient jugé leurs adversaires de la Chambre introuvable. En ouvrant, le 19 novembre de cette année, la session des Chambres, Louis XVIII annonçait les intentions de son gouvernement dans un langage vraiment royal : « Le moment est venu de fortifier la Chambre des députés et de la soustraire à l'action annuelle des partis en lui assurant une durée plus conforme aux intérêts de l'ordre public et à la considération extérieure de l'État : ce sera le complément de mon ouvrage. Plus heureux que d'autres États, ce n'est pas dans des mesures provisoires, mais dans le développement naturel de nos institutions que nous puiserons notre force. »

Cependant la session de 1820 ne vit pas encore disparaître l'institution tant contestée ; dans un premier projet de réforme électorale qu'il avait présenté, le ministère que présidait alors le duc de Richelieu s'était borné à demander qu'à l'avenir, dans le cas où le roi dissoudrait la Chambre, tous les députés élus après la dissolution siégeassent cinq ans, le renouvellement par cinquièmes ne devant prendre cours qu'après cette période quinquennale. Cette proposition fut retirée avec le projet lui-même qui la contenait. Tout l'effort de la session porta sur la loi dite du *double vote*, qui donnait aux plus imposés le droit de voter deux fois, d'abord dans les colléges d'arrondissement avec tous les censitaires, ensuite dans les colléges de département qui leur étaient réservés. La discussion que cette réforme hardie souleva ne pouvait se développer sans que le renouvellement partiel y fût engagé avec tous ses abus et tous ses dangers; il en sortit tout meurtri. A la Chambre des pairs, l'un des inspirateurs de la loi du double vote, le duc de Broglie, attaqua sans merci le renouvellement partiel, avec cette passion austère et didactique qui était la physionomie de son talent; il l'accusa de pervertir dans son principe le gouvernement représentatif, de transférer le pouvoir effectif des députés aux électeurs, de mettre le Parlement sur la place publique : « L'effet, disait-il, que produit le nouveau cinquième, lorsque chaque année il frappe à la porte de la Chambre des députés, n'est pas de disparaître, comme on s'en flattait, dans une majorité qui n'existe point; c'est de rompre brusquement toutes les proportions établies entre les partis, de briser les légers fils qui unissent ensemble des hommes toujours prêts à s'éloigner les uns des autres ; de jeter l'alarme au sein du gouvernement, et de le forcer sur-le-champ à changer de système et à chercher de nouveaux alliés : tel a été, depuis trois ans, le résultat de trois renouvellements partiels. Qu'aurait fait de plus, chaque fois, un renouvellement total? » Retraçant le sort d'une nation réduite à vivre de ce régime d'élection continue, le puissant orateur ajoutait, avec une vérité à laquelle le remplacement du suffrage restreint par le suffrage universel n'a rien ôté de son accablante évidence : « Lorsque l'on songe à la nature de cette opération qu'on appelle une élection, lorsque l'on réfléchit que tout, sauf la corruption pécuniaire, y est de bonne guerre : perfidies, mensonges, calomnies, fausses nouvelles, alarmes semées mal à propos ; lorsqu'on lit dans les journaux, dans les pamphlets, ces éloges prodigués aux électeurs, ces flatteries dégoûtantes, ces diatribes destinées à exciter leur haine ou leur méfiance, on s'étonne qu'un pays qui est tenu, comme la France l'est depuis trois ans, dans cet état perpétuel d'exaltation et d'enivrement, ne présente pas de plus grands symptômes de désordre. »

IV

Président du Conseil en 1824, M. de Villèle eut le mérite de faire prévaloir dans nos institutions l'idée que, chef d'opposition, il avait émise en 1816. Les circonstances le favorisaient ; l'heureuse issue de l'expédition d'Espagne avait porté bonheur à la Restauration : gagné par le succès, le pays avait répondu à la dissolution de la Chambre par l'élection d'une Chambre nouvelle où la minorité hostile au ministère ne comptait pas vingt voix. M. de Villèle, qui tenait enfin une majorité compacte, déposa un projet de loi, établissant, avec la durée septennale des Chambres, leur renouvellement intégral. De tous les adversaires qu'il rencontra, le plus redoutable fut M. Royer-Collard, toujours fidèle à son opinion d'autrefois. Le débat fut digne de l'un et de l'autre : celui-ci, professeur en Sorbonne et solitaire au milieu des assemblées, que la théorie égara parfois, mais dont les discours, même dans leurs déductions arbitraires, étincelaient toujours de sublimes beautés ; celui-là, moins éloquent, mais peut-être plus influent, parce que, homme d'affaires consommé, enfant de cette province de Languedoc que l'ancien régime offrait comme le modèle de ses pays d'Etat, nourri par les souvenirs et les habitudes de sa vie dans les vrais rudiments de la monarchie représentative, il avait pris pour école l'expérience, dont sa parole, claire, brève et nette, résumait les leçons.

Les objections contre le renouvellement intégral avaient leur poids : si les députés sont nommés tous ensemble, le même jour, sous l'empire d'un même esprit public, ne seront-ils pas fatalement prépondérants? Le corps électif se trouvera, en naissant, complet et parfait ; une majorité sera toute formée dans son sein, elle se déclarera immédiatement, elle s'incarnera dans un ministère qui, venu au monde sous sa dépendance, y restera docilement, sous peine de n'être plus. Dès lors, l'équilibre entre les pouvoirs de l'État est rompu ; il y en a un qui, par-dessus les autres, excède et domine, un qui gouverne : c'est le Parlement. En Angleterre comme en Amérique, le régime parlementaire règne par le renouvellement intégral des Assemblées. Régime glorieux et fécond, à coup sûr! La France pouvait-elle le porter dans sa plénitude? En ce sens, M. Royer-Collard disait avec son expressive manière qui semblait, de tous ses avis, faire des arrêts : « Le renouvellement intégral appartient davantage au système républicain, le renouvellement partiel au système monarchique. » C'étaient là d'imposantes raisons ; la pratique les confirmait encore. Le renouvellement partiel avait l'avantage de diminuer la fièvre, toujours si contagieuse, des élections, de l'isoler, de la cantonner ; les changements de direction se faisaient peu à peu ; l'opinion publique *s'insinuait comme une lumière au lieu d'éclater comme un incendie*[1] ; le gouvernement, averti, n'était pas désarmé par la secousse et prévenait le péril. Avec le renouvellement intégral, au contraire, tout était brusque, l'opposition faisait irruption d'un seul bond, et la société entière, pouvoir et nation, risquait de se réveiller en révolution.

A cela il fut répondu que, si le renouvellement intégral menaçait de donner trop d'essor au gouvernement parlementaire, le renouvellement partiel avait un inconvénient plus fâcheux encore, c'était, parlementaire ou non, de rendre tout gouvernement impossible ; que, sans doute, il était aisé de discuter sur les vertus et les défauts comparés de la monarchie absolue et de la monarchie représentative ; que, pour la France, cette discussion était close par la Charte qui avait fondé la monarchie représentative ; que, cette forme de monarchie ainsi élevée hors de conteste, il fallait, si l'on ne voulait pas en perdre les bénéfices et n'en garder que les périls, respecter les lois et accepter les conséquences qui l'a-

[1] Expression de l'un des pairs, M. de Ségur, qui défendit le renouvellement partiel.

vaient recommandée à l'estime des peuples; qu'elle avait pour inévitable effet, soit que les députés fussent élus en masse, soit qu'ils le fussent par séries, de placer les ministres sous la dépendance des Chambres; que les ministres auraient beau faire, protester contre l'usurpation, se retrancher derrière les principes: qu'ils n'échapperaient point à cette main-mise, puisque les actes de leur administration aboutissaient, en dernier ressort, à un article du budget dont le vote libre était la raison d'être de la monarchie représentative elle-même: que, devant cette sujétion bienfaisante ou malfaisante, mais nécessaire, la question pendante se réduisait à savoir si, pour le bien de l'Etat et le service du pays, il convenait que les ministres dussent chercher leur appui dans le nuage flottant d'une majorité variable d'année en année, selon l'impression et le caprice, plutôt que sur la terre ferme d'une majorité qui, une fois constituée, serait stable jusqu'à l'expiration de son temps; que le premier de ces systèmes avait été essayé et épuisé; qu'il n'avait permis qu'une politique au jour le jour; qu'avec lui, nul plan d'ensemble, nulle négociation de longue haleine, des ministres tombant les uns sur les autres, sans avoir eu d'autre occupation que de préparer les élections qui décideraient de leur sort, des députés qui passaient sans même avoir eu le loisir d'étudier à fond les affaires et de mener à terme les travaux commencés; que, si le renouvellement partiel avait le bon résultat d'avertir le gouvernement sur les mouvements, confus encore, qui fermentaient dans l'opinion, le même avantage était obtenu à moins de frais par les réélections isolées que les décès et les démissions provoquent naturellement dans le cours d'une législature; que, par son retour marqué d'avance et périodique dans des intervalles très-rapprochés, ce mode de renouvellement perpétuait tous les maux qu'engendre de loin en loin le renouvellement intégral, tenant toujours les passions haletantes, les intérêts troublés, la vie d'une nation suspendue aux aventures d'un scrutin, rendant aiguë et continue cette fièvre électorale qu'il ne laissait même plus intermittente; qu'en même temps il énervait le remède, parce qu'en face d'une Chambre dont une série pouvait être excellente et une autre détestable, il gênait et compliquait l'exercice du droit qui est le véritable recours de la société et du roi, son défenseur-né, contre les mauvaises Assemblées. Tel fut l'esprit général de l'argumentation sous laquelle succomba le renouvellement partiel. M. de Villèle exposa simplement des idées simples; sans nier que le renouvellement intégral dût prêter au régime parlementaire une action plus efficace, il déclarait « qu'il entrait avec franchise dans toutes les conséquences des institutions que le roi avait données; » il disait encore à la Chambre des députés, avec une équité habile pour les hommes et les choses qui avaient précédé : « Vous savez ce que vous avez obtenu depuis dix ans du régime des renouvellements par cinquièmes ; vous savez quelle mobilité dans les affaires, quelle versatilité dans les plans de conduite et d'administration s'en sont suivies. Cette mobilité et cette versatilité ont été attribuées tour à tour, dans cette Chambre et dans l'autre, à la marche des ministres. Eh bien, moi, messieurs, je déclare que, quoique cette inculpation ne puisse nous atteindre, je pense que la versatilité n'est pas venue de la part des ministres, mais bien du renouvellement partiel. »

A la Chambre des pairs comme à la Chambre des députés, le projet de loi fut voté à une forte majorité : il marquait dans l'économie de nos institutions représentatives un progrès que les libéraux les plus opposants, M. Benjamin Constant et le général Foy, reconnurent. Le roi Louis XVIII s'était justement honoré ; venu à la suite de gouvernements arbitraires qui avaient cru tirer des éphémères combinaisons du renouvellement partiel un instrument de division et d'oppression, il les avait écartées de lui, témoignant ainsi que son droit était, non pas la satisfaction d'un égoïste plaisir de domination, mais le triomphe universel de l'ordre. Grande politique de bien public dont il avait déjà fait acte, lorsqu'il avait aboli la confiscation, respecté l'inamovibilité de la magistrature, établi celle de la cour des comptes, assis sur le privilége de l'hérédité l'indépendance de la pairie, soustrait à son bon plaisir l'avancement dans l'armée pour le soumettre à la règle et à la loi !

Depuis cette époque, le renouvellement partiel n'est pas rentré dans nos codes : il figura vainement parmi les mesures mal conçues dont le prince de Polignac avait voulu faire le complément des ordonnances de juillet[1]. Le gouvernement constitutionnel de 1830 maintint ce que, par une sage réforme, avait établi le gouvernement constitutionnel de 1814 ; la république de 1848 et l'Empire de 1852 ne recoururent pas à l'expédient dont avaient usé leurs devanciers.

Que le fruit de toutes ces expériences ne soit pas perdu pour nos générations ; un des ancêtres de la république conservatrice dans notre pays, M. Benjamin Constant, forcé par l'évidence à parler comme M. de Villèle, disait dans la belle discussion de 1824 : « Les faits ne déposent-ils pas, d'une voix unanime et puissante, contre le renouvellement partiel ? » C'est déjà un curieux spectacle de voir

[1] *Etudes historiques, politiques et morales*, par le prince de Polignac, p. 245. A Paris, chez Dentu, 1845.

des républicains redemander aujourd'hui une institution que, dans l'intérêt même du gouvernement parlementaire, un ministre de la royauté a fait écarter. Faudrait-il conclure que, dans leur pensée, la forme incessamment mouvante d'une république s'accommode moins à la vie pleine d'une nation libre, que l'enceinte déterminée et fixe de la monarchie? Mais laissons nous-mêmes des comparaisons inutiles; quelques soient nos convictions persévérantes, il ne s'agit pas d'établir une monarchie constitutionnelle : le besoin de l'heure présente est d'étayer la république dont la nécessité et la loi ont fait l'abri de notre société. Redisons donc, au nom de la raison et de l'histoire, que, loin d'y mettre quelque solidité, le renouvellement partiel des députés la remuerait à tout vent; qu'il ajouterait sa propre instabilité à la sienne : il ne serait tolérable qu'appliqué à des intervalles très-éloignés sur des durées de législature portées au moins à six ans.

Banni de l'arène de la politique, le renouvellement partiel a gardé une place parmi nous, il a continué à régir les élections plus restreintes et mieux réglées, où sont consultés, non plus les passions souvent incohérentes, mais les intérêts constitués et classés du pays. Dans ces conditions, pour la composition des tribunaux de commerce et d'autres juridictions spéciales, même pour celle des conseils d'arrondissements et de départements qui répondent à l'idée parfaitement distincte du canton, il est salutaire; délivré de ses périls, il ne montre que ses avantages : il contribue à fonder, dans un corps qui change, un esprit qui demeure; il y infuse doucement un sang nouveau; il permet à la tradition, à la jurisprudence, à l'expérience acquise de s'y amortir et de s'y capitaliser, en quelque sorte.

Si quelques républicains bien intentionnés persistaient à vouloir introduire le renouvellement partiel dans notre législation électorale, nous les engagerions à donner d'abord pour fondement à cette législation le principe modérateur et pacificateur de la représentation des intérêts. Ainsi combinées, ces deux institutions s'entr'aideraient mutuellement, elles seraient un gage sérieux de stabilité; et de tous les services qui pourraient être rendus à la république, et, par surcroît, à la société, nul, nous le reconnaissons, ne vaudrait celui-là.

Typographie Lahure, rue de Fleurus, 9, à Paris.

des républicains modérés demander au [illegible] que, dans l'intérêt même du gouvernement parlementaire, [illegible] de la royauté [illegible] la forme [illegible] une république [illegible] à la vie pleine d'une nation libre, qu'il [illegible] de déterminer [illegible] faisons-nous-mêmes des comparaisons inutiles ; quelques-uns [illegible] conditions présentes [illegible] ne s'agit pas d'établir une monarchie constitutionnelle : le besoin de l'heure présente est [illegible] la république dont la nécessité [illegible] au nom de la [illegible] de l'histoire, que [illegible] notre [illegible] tout [illegible] [illegible]

[illegible]

[illegible] Si quelques républicains [illegible] introduire le renouvellement partiel dans notre [illegible] cette [illegible] le principe modérateur et pacificateur de la représentation des intérêts [illegible] tous les [illegible] [illegible]

www.ingramcontent.com/pod-product-compliance
Lightning Source LLC
LaVergne TN
LVHW020506230826
846091LV00008BA/3366